LA KABYLIE

TYPOGRAPHIE DE CH. LAHURE
Imprimeur du Sénat et de la Cour de Cassation
rue de Vaugirard, 9

LA
KABYLIE

PAR

LE GÉNÉRAL E. DAUMAS

PARIS
LIBRAIRIE DE L. HACHETTE ET Cie
RUE PIERRE-SARRAZIN, No 14

1857

LA KABYLIE.

Qu'est-ce que la Kabylie? Qu'est-ce que cette contrée dont le nom a si souvent retenti dans la presse, comme autrefois dans nos discussions publiques? Qu'est-ce que cette région insoumise au milieu d'un pays qui, des frontières du Maroc à celles de Tunis, reconnaît notre pouvoir? Qu'est-elle au point de vue de la topographie, des habitants, de leurs mœurs, de leur organisation sociale et politique?

Ces diverses questions empruntent un caractère d'actualité tout spécial à l'expédition qui vient d'être dirigée contre quelques tribus kabyles révoltées; elles en acquièrent un bien plus grand de l'intention annoncée de compléter, au printemps, la conquête de ce vaste pâté de montagnes sur lesquelles nul, jusqu'à ce jour, pas même les Romains, n'a pu asseoir sa domination.

Sans doute, les Turcs étaient parvenus, à grand'peine, à faire reconnaître leur pouvoir sur quelques-unes des tribus kabyles, situées sur les pentes inférieures des montagnes le plus rapprochées de leur action; sans doute, ils avaient bien pu faire payer l'impôt à des fractions, obligées de cultiver en plaine et par conséquent saisissables dans leurs personnes et dans leurs biens; mais jamais ils n'arrivèrent à dominer la Kabylie proprement dite; c'est à nous que cette tâche difficile était réservée.

Pendant la période de guerre que nous avons dû soutenir contre le peuple arabe soulevé par Abd-el-Kader, il eût été impolitique, peut-être même dangereux de disséminer nos forces et d'en appliquer la majeure partie à la conquête de la Kabylie. Nous dûmes nous borner à détacher successivement, du faisceau que nous aurions un jour à rompre, les tribus les plus voisines, à les habituer à un joug effectif, inconnu d'elles jusque-là, à réprimer, enfin, comme nous venons de le faire, les soulèvements de celles qui, après nous avoir promis obéissance, devaient chercher à s'en affranchir. C'est là le but que nous avons poursuivi.

Mais une fois notre domination assise sur le peuple arabe, il importe, aussitôt que les circonstances le permettront, de ne pas laisser plus longtemps insoumise une *île*, bordée de tous côtés par notre conquête, et de nous ouvrir, en même temps que la route directe de la province de l'est, un pays où notre industrie et notre commerce doivent trouver un nouvel élément à leur activité. Il est utile d'étudier quelle est cette race spéciale en face de laquelle nous devrons nous trouver, et de voir, dès à présent, ce qu'est la Kabylie.

La Kabylie, telle qu'on l'entend généralement, est ce vaste pâté de montagnes compris entre Dellis et Bougie, au nord, Sétif et Aumale, au sud.

Ce serait toutefois une grave erreur que de se figurer que la race kabyle se rencontre seulement dans cette partie de l'Algérie que nous venons d'indiquer. Si le nom de Kabylie lui a été plus particulièrement attribué, c'est uniquement par ce motif que, sur aucun autre point de nos possessions, cette race ne se trouve aussi fortement groupée que dans la Kabylie du Jurjura. Pour trouver un autre exemple d'une agglomération kabyle aussi considérable, il faudrait passer la frontière du Maroc. La réputation de bravoure des habitants de la Kabylie du Jurjura, l'espèce de prestige qui entoure leurs montagnes, vierges de toute invasion étrangère, n'ont pas peu contribué à faire donner par excellence à leur pays une qualification qui, pour être juste, ne saurait être exclusive.

Pour ne parler ici que de l'Algérie, nous avons, à l'ouest, les montagnes des Traras; au centre,

Jurjura. L'usage ne l'a point voulu, et nous nous conformerons à l'usage. Toutefois, ce ne sera pas sans faire remarquer que le mot de Kabylie est un mot d'origine française, qui n'a pas même d'équivalent dans la langue indigène. Nous autres, peuples du nord, nous avons l'habitude de désigner une nation par le nom du pays qu'elle habite; il n'en est pas de même des musulmans qui ne reconnaissent d'autre distinction que celle de la race. Pour eux, il n'y a donc point de Kabylie, il n'y a que des Kabyles.

Si l'on considère l'Algérie au point de vue topographique, on peut la diviser en deux parties bien distinctes : la partie des montagnes, qui couvre la moitié du territoire, et la partie des plaines et des vallées. Si on la considère, au contraire, au point de vue des habitants, on remarque une différence très-tranchée entre les races qui peuplent ces deux portions du pays. Les plaines, les vallées sont occupées par les Arabes; les Kabyles sont établis dans les montagnes, derrière lesquelles ils ont abrité leur liberté.

Le partage du pays entre le peuple conquérant et le peuple vaincu devait avoir, sur l'un et sur l'autre, une influence considérable.

L'Arabe, l'homme des longs parcours, devenu tranquille possesseur des terres les plus fertiles, vivant au milieu de riches contrées, n'ayant qu'à livrer au sol une semence que la terre lui rendait au centuple, put s'abandonner nonchalamment aux plaisirs et aux douceurs de ce *far niente* qui lui est si cher.

Le Kabyle, au contraire, habitant un pays accidenté, peu propre à la culture des céréales, forcé, par conséquent, de se créer un moyen d'échange pour obtenir les produits qui lui manquaient, se fit industrieux et travailleur. Il fut redevable à ces deux causes de cette énergie sauvage qui lui permit de résister aux Turcs et de protéger ses montagnes contre des dominateurs étrangers.

Une première question se présente : quelle est l'étymologie du mot *kbaïl*, dont nous avons fait celui de *kabyle?* Les uns l'ont cherchée dans le mot arabe *kbel* (accepter), parce que, disent-ils, les Kabyles ont *accepté* le Koran. D'autres ont cru la trouver dans celui de *kbel* (avant), c'est-à-dire ceux qui étaient *avant* les Arabes. Nous répugnons, quant à nous, à accepter ces étymologies, en présence d'une étymologie beaucoup plus normale, qui fait dériver ce mot du mot *kbila* (tribu), au pluriel *kbaïl* (les tribus).

Les Kabyles ne sont autres que les Berbères; ils constituent donc la population aborigène. Avant l'invasion des Arabes, les Berbères couvraient la surface de l'Afrique septentrionale ; ils formaient des royaumes puissants, habitaient des villes ou des villages, suivant leur aptitude et leurs goûts. Vaincus, ils durent céder aux Arabes leurs villes et les portions du pays le plus en rapport avec les mœurs d'un peuple pasteur, pour se réfugier dans les montagnes, comme la tradition leur apprenait, sans doute, qu'avaient fait leurs pères afin d'échapper au joug romain. Aux uns, les terres fertiles; aux autres, les contrées abruptes et inaccessibles. N'est-il pas présumable, dès lors, que les Arabes, vivant à côté d'une population insoumise avec laquelle ils n'avaient, dans le principe, que peu de rapports, donnèrent aux diverses agglomérations berbères formées dans les montagnes, l'appellation générale de *kbaïl* (les tribus), par opposition aux tribus arabes, qu'ils désignaient par le nom de leur fondateur? Telle est la seule étymologie du mot *kbaïl* qui nous semble admissible, et nous hésitons d'autant moins à l'adopter, qu'elle concorde, non-seulement avec les idées reçues, mais encore avec les règles de la langue arabe.

La Kabylie du Jurjura occupe une superficie d'environ huit mille kilomètres carrés; sa population est de trois cent soixante à trois cent quatre-vingt mille âmes, soit, à peu de chose près, quarante-six habitants par kilomètre carré. Mais ce chiffre n'indique pas la proportion réelle de la population agglomérée, car la Kabylie, vaste formation de montagnes abruptes, en plusieurs endroits couvertes de neiges éternelles, n'est habitée, à proprement parler, que dans sa partie la moins considérable, c'est-à-dire dans les vallées et sur les versants des collines. Partout ailleurs, une terre ingrate refuse à l'habitant sa nourriture, et force les tribus à se concentrer sur les parties fertiles.

Les trois cent quatre-vingt mille âmes qui forment la population de la Kabylie se trouvent donc réunies sur un espace de terrain qui est à peine la moitié de la surface du pays. Sur ces points, la densité de la population est donc équivalente à celle de nos départements les plus peuplés.

On a dit plusieurs fois que la Kabylie était la Suisse de l'Algérie. Si cette comparaison est juste au point de vue topographique, elle ne l'est pas moins au point de vue de la constitution politique.

Considérée comme État, la Suisse est une réunion de fédérations diverses et indépendantes, rattachées entre elles par un intérêt commun, celui de la défense. Chacune de ces fédérations, prise isolément, est libre de se tracer des règles spéciales et de s'administrer d'après des principes différents.

Considérée dans son ensemble, la Kabylie est une agglomération de tribus qui se gouvernent elles-mêmes d'après des principes que la tradition et l'usage ont introduits dans les mœurs.

Mais ce qui distingue principalement l'organisation fédérative de la Suisse de celle de la Kabylie, c'est, chez la première, le caractère de permanence. La fédération n'étant chez la seconde qu'accidentelle, est réduite aux proportions d'une alliance née des nécessités du moment et qui cesse avec elles. Le caractère dominant de la constitution kabyle est donc l'indépendance absolue de la tribu vis-à-vis des autres tribus ; chaque tribu, en un mot, forme un État séparé.

Cependant cette indépendance de la tribu peut être aliénée momentanément par des conventions ; les tribus ainsi alliées constituent une fédération partielle et forment ce que l'on appelle un *soff*, mot qui signifie *ligne* ou *rang*. Les causes les plus habituelles de ces alliances sont des intérêts communs, des relations habituelles de transit, de commerce, ou la nécessité de se protéger contre une tribu plus puissante. Le signe matériel de l'amitié jurée, de la solidarité établie, c'est tantôt un fusil, tantôt un sabre, une lance échangée ; son renvoi par la tribu qui l'a reçu à la tribu qui l'a donné indique que chacune d'elles reprend son indépendance première, et se trouve déliée des obligations contractées vis-à-vis de l'autre.

Il est aisé de comprendre combien des alliances ainsi formées se rompent facilement ; nées de l'intérêt, elles se brisent lorsque cet intérêt cesse ou lorsqu'un autre intérêt vient à se produire.

Cependant, bien que par suite d'éloignement, d'anciennes dissensions, d'hostilités même, chaque *soff* kabyle vive, pour ainsi dire, dans son isolement, il est un terrain sur lequel on peut être assuré de les trouver réunis ; c'est lorsqu'il s'agit de protéger leur territoire contre une invasion étrangère.

Qu'une tribu déclare la guerre à une autre, c'est là une question qui s'agite entre gens de même race et qui doit se vider en famille. Mais qu'un ennemi extérieur se présente, que le territoire soit menacé d'une invasion, les haines de tribu à tribu, de *soff* à *soff* disparaissent; les Kabyles se souviennent qu'issus du sang berbère ils ont une même origine, que, sous peine d'être détruits les uns après les autres, ils doivent opposer une résistance commune; la Kabylie entière est sous les armes.

C'est à cette solidarité établie entre les tribus dans le but d'assurer leur indépendance que la Kabylie est redevable d'avoir traversé, sans être entamée, toute la période de l'occupation des Turcs.

Ainsi, constitution des Kabyles par tribus; — fédération partielle et momentanée de tribus dans un but ou dans un intérêt collectif; — fédération générale de ces fédérations partielles dans un jour de danger; — tel est le spectacle que présente l'organisation de la Kabylie dans son ensemble.

Descendons actuellement dans le détail de sa constitution intérieure : au premier degré nous trouvons la tribu.

La tribu (*arch*) se divise, suivant l'importance de son territoire et celle de sa population, en un certain nombre de fractions (*kharouba*), qui se décomposent elles-mêmes en villages (*dechera*). Si l'on veut une comparaison, la *dechera*, c'est notre commune, la *kharouba*, notre arrondissement; la tribu enfin (*arch*) formerait le département.

Mais comme tout, même les appellations, montre bien, chez les Kabyles, le principe de la solidarité! En effet, si le mot *arch* désigne une *tribu*, il signifie en même temps un *nid*, une *habitation*, pour indiquer l'origine commune de la grande famille répartie maintenant sur une vaste étendue de pays. *Kharouba*, c'est le nom de la section de tribu, mais c'est aussi celui du fruit du caroubier qui contient dans une cosse un certain nombre de grains que représentent les *decheras*.

Ces deux mots ne renferment-ils pas l'histoire de la Kabylie?

Lorsqu'on examine le caractère dominant de la race kabyle, on ne tarde pas à reconnaître que ce caractère est l'amour de l'indépendance. Ce besoin de ne rien avoir à démêler avec son voisin se révèle par sa constitution en tribus séparées; il se révèle par la constitution même de la tribu.

Le gouvernement kabyle est, en effet, le gouvernement républicain dans toute son énergie. A tous les degrés, le pouvoir y est électif; l'élection se fait par le suffrage universel.

Chaque *dechera* se nomme un chef qu'on appelle *amin*, qualification qui indique une idée de surveillance et de police bien plus que d'autorité. Tout Kabyle en âge de porter les armes prend part à l'élection. Tous les ans, quelquefois plus souvent, on renouvelle l'*amin*, dont les pouvoirs peuvent être, d'ailleurs, prorogés.

La réunion des *amins* forme le conseil de la tribu (*djemaa*). Ce conseil délibère sur les intérêts communs, rend les jugements, prend les mesures générales, procède enfin, parmi ses membres, à l'élection d'un président qui porte le titre d'*amin-el-oumena* (*amin des amins*) et devient le chef politique et militaire de la tribu, après que la désignation faite par les *amins* a été sanctionnée par le suffrage de la tribu réunie à cet effet.

Ces précautions ne paraissent pas encore suffisantes pour le caractère ombrageux des Kabyles. Une seule et même *dechera* pourrait fournir pendant plusieurs années consécutives le chef de la tribu, si le suffrage des *amins* se portait sur un même individu. De là, extension de la puissance du chef suprême, priviléges accordés par lui à une fraction plutôt qu'à une autre, et, par conséquent, plus d'égalité entre les *decheras*. Pour parer à cet inconvénient, l'*amin-el-oumena* doit être choisi alternativement dans chacune des *decheras*.

Les élections ont lieu après le dépiquage,

c'est-à-dire vers la fin de l'été. La moisson rentrée, les *amins* fixent le lieu du rendez-vous et choisissent, ordinairement, soit la mosquée pour mettre l'élection sous la protection de Dieu, soit le cimetière, pour que les vivants puissent s'inspirer du souvenir des morts. Au jour déterminé, tous les Kabyles de la *kharouba* s'assemblent pour procéder à l'élection; les marabouts prennent la parole, désignent le candidat qui leur paraît le plus apte à remplir les fonctions d'*amin*, cherchent, au moyen de leurs discours respectés, à lui gagner les suffrages de la majorité. Le plus souvent, les Kabyles ne résistent pas aux paroles du marabout, et l'élection est sanctionnée.

Telle est, dans sa simplicité, l'organisation politique de la Kabylie.

A la juger par ce que nous venons de dire, on pourrait croire à une certaine extension des pouvoirs de l'*amin* ou de ceux de la *djemaa*. Il n'en est rien dans la pratique. Produit éphémère d'un suffrage qui peut les renverser, l'*amin* ou la *djemaa* elle-même se gardent bien de prendre une décision de quelque importance sans en faire partager la responsabilité à tous les intéressés. Aussi, dans les circonstances graves, s'empressent-ils, suivant les cas, de réunir tous les habitants de la *dechera* ou de la tribu et de les appeler à prononcer souverainement sur la question.

Ces réunions prennent quelquefois des proportions bien autrement considérables. Il ne s'agit plus simplement d'une affaire intéressant une seule tribu ; il y a *soff* entre plusieurs ; l'affaire concerne le *soff*, c'est le *soff* entier qui se trouve convoqué. La nouvelle est proclamée dans les marchés. Au jour dit, et quelle que soit la distance, tous les hommes en état de porter les armes se dirigent vers le rendez-vous commun. Ils se rangent, d'après un ordre convenu, et suivant la tribu dont ils font partie ; puis les *amins* exposent aux divers groupes les motifs de la convocation et invitent le peuple à se prononcer. Chacun a la parole ; quelle que soit la classe à laquelle il appartienne, chacun est écouté. Les opinions étant recueillies, les marabouts se réunissent en comité, et le crieur public fait connaître la décision de l'assemblée. S'il ne s'élève aucune voix pour réclamer, les assistants sont invités à battre des mains en signe d'assentiment ; puis tous les Kabyles déchargent leurs armes, ce que l'on nomme *el-meïoz*, c'est-à-dire *la décision*.

Certes, il serait difficile de concevoir un gouvernement plus simple et plus primitif.

Est-ce à dire qu'il ne se glisse pas quelques fraudes dans la manière dont les avis sont recueillis ; que les *amins* ne reportent pas au conseil, [illegible]me l'expression de l'opinion de tous, leur [illegible]inion personnelle. Pour le croire, il faudrai[t] ne pas connaître [l]es faiblesses du cœur humain. Toujours est-il que nulle part, autant que chez les Kabyles, le peuple n'est appelé à intervenir aussi directement dans les affaires. Nulle apparence même d'administration centrale, nulle délégation de pouvoir autre que celle qui est faite aux *amins* en matière de police et de perception d'amendes, car c'est à ces deux points que se borne à peu près l'autorité des chefs investis. Telle est la fierté du Kabyle, tel est son penchant instinctif pour l'égalité absolue et peut-être aussi son ombrageuse défiance, qu'il a pris à tâche, pour ainsi dire, de supprimer tous les dépositaires du pouvoir social et de n'accorder à ceux qu'il a maintenus que la portion de ce pouvoir qu'il lui était impossible de leur enlever.

La principale fonction de l'*amin* consiste dans l'administration des deniers publics; la principale source du revenu, c'est l'impôt et l'amende.

L'Arabe fournit l'impôt au maître qui le gouverne; c'est le signe de sa vassalité. Les Kabyles organisés en républiques l'apportent à leurs mosquées, et, trop fiers pour le payer aux hommes, ils le payent à Dieu.

Le produit de l'impôt, réuni à celui des amendes, est employé à défrayer les écoles, à secourir les pauvres, à nourrir les voyageurs, à entretenir le culte, à donner l'hospitalité, à acheter de la poudre et des armes pour les malheureux, qui sont appelés comme les autres à marcher à la défense de la tribu.

Et cependant ce peuple n'a pas de lois écrites! Ses lois, ce sont des coutumes conservées par la tradition; les pères les ont reçues de leurs ancêtres; ils les transmettent à leurs enfants.

C'est encore à la tradition qu'il faut aller demander les dispositions pénales qui frappent les délits et les crimes. Le Koran admet la peine du talion; la main pour la main, le pied pour le pied, la dent pour la dent, mais l'usage a consacré la faculté de rachat par le coupable de la peine qu'il a encourue. Telle est l'origine des amendes.

Voici quelques-unes de celles qui sont appliquées aux délits les plus fréquents :

	Boudjous[1].
Tirer son yataghan sans frapper	8
— et frapper	16
Armer son fusil sans tirer	10
— et tirer	80
Lever son bâton sans frapper	1
— et frapper	3
Brandir une faucille sans frapper	2
— et frapper	4
Frapper à coups de poings	» 1/4
Injures sans motifs	4
Être convaincu de vol	100
Entrer dans une maison dont le maître est absent	100
Paraître au lavoir des femmes	2
Ne pas monter sa garde	1
Ne pas acheter un fusil quand on a les moyens de le faire	6

On a pu remarquer que le droit coutumier des

1. Le *boudjou* vaut 1 fr. 15 c.

Kabyles ne prononce pas de peine contre les meurtriers. La loi se tait à leur égard; elle laisse aux parents de la victime le soin de tirer vengeance du criminel. Mais cette vengeance, tôt ou tard, elle atteindra l'assassin, quel que soit le pays où il s'est retiré. L'autorité n'intervient que pour séquestrer les biens du criminel, les vendre, et en répartir le montant entre les différents villages de la tribu. Si la victime laisse un fils en âge de porter les armes, il ne peut reparaître dans la tribu que teint du sang du meurtrier de son père. Ce fils est-il trop jeune, le premier nom qu'il apprend de la bouche de sa mère est celui de l'assassin qu'il doit un jour frapper. Si la veuve n'a qu'une fille, elle publie qu'elle ne veut pas de dot pour elle, mais qu'elle la donnera à celui qui tuera le meurtrier de son mari. L'analogie est frappante entre ces mœurs et celles de la Corse, mais elle se dessine bien plus encore dans les traits suivants. Si le vrai coupable échappe à la *vendetta*, celle-ci devient *transversale;* elle tombe sur un frère de l'assassin ou sur l'un de ses plus proches parents. Nouvelles représailles à exercer et, par suite, haine héréditaire des familles. De part et d'autre, des amis, des voisins l'épousent; il en sort des factions, il peut en résulter de véritables guerres.

Chose étrange! c'est dans les pays de montagnes que la *vendetta* semble être plus particulièrement passée dans les mœurs des peuples; c'est là qu'on la retrouve avec toutes ses fureurs! Cette conformité de mœurs est-elle l'effet du hasard? Nous ne saurions le croire. Il paraîtrait beaucoup plus logique d'en rechercher les motifs dans la similitude d'une configuration du pays qui ne permet pas facilement à la justice de saisir le coupable. La *vendetta*, à nos yeux, est le résultat d'une défiance contre l'énergie de l'homme qui, chargé de venger la victime et désintéressé dans la question, ne saurait apporter à la répression la même activité, la même persévérance qu'un des membres de la famille.

Si l'on devait se faire une idée de la société kabyle, d'après les conséquences vraisemblables d'un gouvernement comme celui qui vient d'être esquissé, quel effrayant tableau n'aurait-on pas sous les yeux? Point d'unité dans le pouvoir, point de cohésion dans les masses; nulle hiérarchie sociale, nulle autorité préventive, prévoyante, douée d'initiative. Cependant, cette société vit depuis des siècles; elle a contemplé du haut de ses montagnes les invasions successives dont les pays de plaines ont été le théâtre; elle a su y résister. Il faut donc qu'il y ait un lien entre les tribus, une autorité non reconnue en droit, mais dont l'influence soit cependant bien puissante en fait pour dominer l'esprit d'indépendance qui est le caractère propre de la race kabyle, pour servir de trait d'union entre des intérêts si divers. Ce lien, ce sont les marabouts qui le forment; cette autorité, ce sont eux qui l'exercent.

Mais trop adroits pour s'attribuer un pouvoir personnel, qui ne tarderait pas à porter ombrage aux tribus, les marabouts ont jugé prudent d'abriter leur influence derrière une institution religieuse, celle des *zaouïas*, à l'aide de laquelle ils règnent sans gouverner. Considérée comme établissement public, la *zaouïa* est tout à la fois une université religieuse et une auberge gratuite, frappante analogie avec le monastère du moyen âge. Considérée comme institution politique, c'est le centre d'où rayonne toute influence, c'est là que vient se chercher le mot d'ordre de la Kabylie.

Chaque *zaouïa* se compose d'une mosquée ou d'une *koubba*, espèce de chapelle élevée sur le tombeau d'un saint marabout, d'un local réservé à l'étude des sciences, d'habitations destinées, les unes aux élèves et aux *tolbas* (lettrés), et les autres aux mendiants et aux voyageurs. Tout homme riche ou pauvre, connu ou inconnu dans le pays, qui se présente à la porte d'une *zaouïa* quelconque, y est reçu et hébergé pendant trois jours. Nul ne peut être éconduit; l'exemple d'un refus de ce genre n'existe pas. Le principe d'hospitalité s'étend même si loin qu'un cheval ou un mulet égaré, y arrivant sans conducteur et par hasard, sera toujours reçu et nourri jusqu'à ce qu'on vienne le réclamer. Cet accueil absolu dans la maison de Dieu fait que les tourments de la faim et le vagabondage proprement dits sont inconnus en Kabylie. La vie du pauvre devient un long pèlerinage de *zaouïa* en *zaouïa*; premier moyen d'influence par la reconnaissance.

Le second moyen n'est pas moins puissant. La *zaouïa* est le centre où se distribue l'instruction. C'est là que de très-loin les parents envoient leurs enfants, plutôt que d'avoir recours aux petites écoles des tribus, car c'est dans la *zaouïa* seulement que les études sont poussées au-dessus de l'enseignement primaire.

Outre la lecture et l'écriture, on y apprend : 1° le texte du Koran jusqu'à le réciter intégralement sans une faute, et avec la psalmodie ou l'intonation convenable; 2° la grammaire arabe (*djaroumia*). Le berbère n'est enseigné nulle part, ses éléments n'existent plus, ou, s'ils existent, ce n'est qu'au fond du désert, au delà de ces plaines de sable que quelques rares voyageurs sont parvenus à traverser; 3° les diverses branches de la théologie (*touhhid*); 4° le droit, c'est-à-dire le commentaire de Sidi-Khalil, qui a force de loi pour tous les musulmans du rite *maleki*; 5° les conversations du prophète (*hadits*), ou le recueil dans lequel la tradition a conservé les principaux actes du prophète et les paroles qu'il a prononcées; 6° les commentaires du Koran (*tefsir*), c'est-à-dire l'interprétation du texte saint; 7° l'arithmétique (*hhasâb-el-ghobari*), la géométrie (*hhasâb-el-member*), l'astronomie (*ilm-el-felak*); 8° la versification (*ilm-el-euroud*).

On compte en Kabylie un assez grand nombre de *zaouias*; les plus fameuses sont celles de: Sidi-Ben-Ali-Cherif, chez les Illoulen; de Sidi-Moussa-Tinbedâr, chez les Beni-Ourghis; de Sidi-Abd-er-Rahmân-Bou-Kebreïn, près de Bordj-Boghni; de Sidi-Ahmed-Ben-Driss, chez les Aït-Iboura.

Ces *zaouias* comptent un personnel considérable. Celle de Sidi-Ben-Ali-Cherif, par exemple, renferme en permanence deux ou trois cents *tolbas* et élèves, avec un nombre variable de passagers, dont la moyenne peut être évaluée à plus de cent, et le maximum au quadruple.

Il est facile de se rendre compte, par cet aperçu, de l'influence que peut exercer le marabout chef d'une *zaouia*. Pour le pauvre, c'est le distributeur des aumônes; pour l'homme lettré qui a reçu l'éducation à la *zaouia*, c'est un maître qui a donné ou fait donner sous ses ordres une instruction, que les *tolbas* vont, à leur tour, reporter dans leurs tribus; pour tous, c'est le chef d'un temple miraculeux où les Kabyles accourent souvent, de très-loin, demander à Dieu, par l'intermédiaire des saints marabouts, soit une grâce, soit la cessation d'un malheur.

La mère qui voit ses enfants mourir en bas âge vient supplier le ciel de lui conserver ceux qui lui restent.

La femme stérile s'y fait conduire par son père, ou par son mari, dans l'espoir d'obtenir une postérité[1].

Enfin, dans les époques de sécheresse (frappant rapport avec nos *rogations !*), les habitants font de grandes processions pour demander à Dieu d'envoyer la pluie qui doit féconder leurs terres.

A ces motifs déjà si puissants d'influence, ajoutons le prestige religieux qui entoure les marabouts, et l'on comprendra l'autorité morale qu'ils exercent sur un peuple superstitieux. Reportons-nous par la pensée au moyen âge; dans ces siècles de foi où la religion exerçait un empire absolu, nos moines n'avaient-ils pas sur le gouvernement, sur la société, sur la famille, une puissance immense, incontestée? Les Kabyles en sont au moyen âge de notre histoire; ce qu'on a vu chez nous, on le retrouve actuellement chez eux. De même qu'autrefois nos ordres monastiques percevaient une sorte de dîme dont le produit servait à leur entretien, au soulagement des

1. La mosquée de Koukou est la plus renommée pour les miracles de ce dernier genre. La femme qui veut obtenir la cessation de sa stérilité doit agiter, en tous sens, dans un trou pratiqué au milieu même de la mosquée, le bâton de Sidi-Ali-Thaleb, saint marabout qui est enterré dans le temple sacré.

D'après la tradition, Sidi-Ali-Thaleb n'avait qu'à mettre en joue son ennemi, avec son bâton merveilleux, pour le faire tomber roide mort.

pauvres, à la distribution de l'enseignement, de même, et pour des motifs identiques, les *zaouias* reçoivent des habitants de la contrée, de généreux donataires qui cherchent à s'attirer ainsi la faveur du ciel, une sorte de tribut annuel qui leur permet de faire face à leurs dépenses. A celle-ci est attribuée une partie de l'impôt dévolu aux mosquées; celle-là compte, dans les *decheras* du voisinage, un grand nombre de Kabyles qui tiennent à honneur de lui faire des présents, lui apportent de l'huile, du miel, des raisins secs, des figues, des poules, des moutons, des chèvres, quelquefois même de l'argent. Au besoin, le marabout fait appel à la piété des fidèles et réclame une corvée générale en faveur de la *zaouia*. Comme pour compléter la ressemblance qui existe entre les marabouts et nos anciens ordres religieux, le mot *mrabeth*, dont nous avons fait celui de marabout, signifie *enchaîné, lié*, et se trouve ainsi la traduction littérale de notre mot *religieux*, qui vient du mot latin *ligare* (lier).

De cet ensemble de faits, de rapprochements, de similitudes, ne doit-on pas être tenté de conclure que les *zaouias* sont un vestige des institutions chrétiennes de l'Afrique septentrionale?

A l'appui de cette opinion, nous citerons un dernier exemple. Les déserts de la Thébaïde ont été le refuge de solitaires ascétiques qui, dans les premiers temps du christianisme, se réfugièrent dans ces contrées. — L'histoire et les premiers pères de l'Église nous ont transmis le souvenir de leurs extases mystiques, des abstinences prodigieuses auxquelles ils se soumettaient, de la solitude cellulaire qu'ils s'imposaient; nous allons en trouver la trace en Kabylie. Dans le pays des Beni-Raten, un marabout célèbre, Cheikh-el-Madhy, prétend conduire ses disciples à l'état de sainteté de la manière suivante : chacun d'eux est rigoureusement enfermé dans une petite caverne ou cellule qui lui permet à peine quelques mouvements, à peine la position verticale. Sa nourriture est diminuée graduellement pendant quarante jours, jusqu'à ne point dépasser le volume d'une figue; il en est même dont la subsistance, pour vingt-quatre heures, ne consiste que dans une cosse de caroubier. A mesure qu'ils subissent cet entraînement hors de la vie matérielle, les disciples acquièrent la seconde vue; il leur vient des songes d'en haut; enfin la relation mystique finit par s'établir entre eux et le marabout lorsque leurs rêves coïncident, lorsqu'ils rencontrent les mêmes visions. Alors Cheikh-el-Madhy donne un bournous, un *haïk*, un objet quelconque en signe d'investiture à l'adepte accompli, et l'envoie par le monde faire des prosélytes. Il existe en effet des succursales de l'établissement modèle chez les Beni-Ourghlis, chez les Beni-Abbas, chez les Beni-Yala; on en compterait peut-être une cinquantaine. Leurs pratiques reposent toujours sur l'ascétisme le plus rigoureux : la proscription de tout plaisir, des femmes, de l'usage du tabac s'y maintient scrupuleusement. L'état de prière ou de contemplation est l'état perpétuel. Mais, circonstance assurément digne de remarque, c'est que les initiés font remonter cette institution à Sidi-Ali-ben-Abi-Thaleb, gendre du prophète. Ce qui paraît certain, c'est qu'elle fut apportée de l'Égypte, c'est-à-dire des mêmes lieux qu'illustrèrent les premiers anachorètes chrétiens, par Sidi-Ben-Abd-er-Rahhmân, disciple de Sidi-Salem-el-Hafnaoui.

Il ressort de tout ce qui précède que la puissance des marabouts a pour principe la reconnaissance et le respect que les Kabyles portent à leurs zaouias, dont cette aristocratie théocratique est la représentation visible. Sans doute, les Kabyles sont musulmans; comme les Arabes, ils proclament qu'il n'y a point d'autre Dieu que Dieu, et que Mohammed est l'apôtre de Dieu, et cependant nous serions tenté de dire que, pour le Kabyle, son véritable Dieu, c'est le marabout. Le nom d'un marabout vénéré, prononcé par le malheureux que l'on va dépouiller, arrêtera le malfaiteur; le nom de Dieu ne protégera pas la victime. S'étonnera-t-on après cela de la puissance qu'exercent les marabouts sur la race kabyle? S'étonnera-t-on qu'à leur voix, des tribus ennemies éteignent leurs colères? S'étonnera-t-on qu'ils puissent les soulever contre une invasion étrangère, dont la victoire serait l'annihilation de leur influence?

Nous venons de faire voir la Kabylie sous son aspect général, de montrer quelle est la constitution politique des montagnards qui l'habitent, les mobiles auxquels ils obéissent; entrons maintenant dans le détail de leur constitution sociale, et nous retrouverons dans les mœurs les mêmes principes que dans l'organisation du gouvernement.

Le caractère saillant de la constitution de ces montagnards, c'est l'indépendance des tribus; la tribu qui a donné naissance à un Kabyle ne saurait être soumise à une autre.

Le caractère saillant du Kabyle pris isolément, c'est la fierté; si sa tribu est l'égale des autres tribus, il est lui-même l'égal de ses frères. Cette pensée, un montagnard l'exprimait dans ces quelques paroles, en répondant à un *amin* qui voulait abuser de son autorité : *Enta cheikh*, *ana cheikh* (littéralement : toi chef, moi chef.) Aussi, voyez quelle différence sur ce point entre l'Arabe et lui.

L'Arabe, habitué à être dominé depuis des siècles, est vaniteux, humble et arrogant tour à tour; le Kabyle demeure toujours drapé dans son orgueil.

L'Arabe baise la main et la tête de son supérieur, ajoute à ce témoignage de respect des compliments à perte de vue, sans s'inquiéter si l'on répond ou non à ses obséquiosités. Le Kabyle ne fait pas de compliments. S'il va, comme l'Arabe, baiser la main ou la tête du chef ou du vieillard, il faut quel que soit l'âge, quelle que soit la dignité de l'homme envers lequel il a accompli cet acte de déférence, que celui-ci lui rende immédiatement une politesse égale.

Nous venons d'établir une comparaison entre l'Arabe et le Kabyle. Par suite des hasards de la conquête, de relations plus fréquentes avec le premier, la connaissance de ses mœurs s'est beaucoup plus vulgarisée en France que celle des mœurs du second. Le meilleur moyen de montrer ce qu'est le Kabyle n'est-il point, dès lors, d'opposer sa physionomie à celle de l'Arabe?

L'Arabe vit sous la tente, il est nomade sur un territoire limité, et par conséquent il n'est pas individuellement propriétaire; c'est la tribu qui exerce, au nom de tous, un droit de jouissance sur un certain espace de pays.

Le Kabyle habite la maison; fixé au sol, il est propriétaire dans toute l'acception du mot. La nature même de ses cultures lui fait une condition de cette fixité. Sa maison est construite en pierres sèches ou en briques non cuites, qu'il superpose d'une façon assez grossière. Le toit est couvert en chaume ou en planches de liége, en tuiles chez les riches. Cette espèce de cabane se nomme *tzaka;* elle se compose d'une ou deux chambres. L'une est occupée par le père, la mère et les enfants; l'autre sert d'étable, d'écurie pour le bétail et les chevaux. Si l'un des fils de la maison se marie et doit vivre dans le ménage paternel, on lui bâtit son logement au-dessus.

L'Arabe déteste le travail; dur à la fatigue lorsqu'il s'agit de parcourir de longs espaces, il est paresseux avec délices, et, pendant neuf mois de l'année, ne s'occupe que de ses plaisirs. La misère ne l'effraye pas, pourvu qu'elle ne l'oblige point à travailler.

Le Kabyle, au contraire, travaille beaucoup et en toute saison; la paresse est une honte à ses yeux.

L'Arabe laboure des espaces considérables; il possède de nombreux troupeaux qui sont sa richesse; il ne plante point d'arbres.

Le Kabyle cultive moins les céréales, mais il s'occupe beaucoup plus de jardinage.

L'Arabe voyage quelquefois pour trouver des pâturages, mais il ne sort jamais d'un certain cercle.

Chez les Kabyles, un des membres de la famille s'expatrie toujours momentanément pour aller chercher fortune dans les principales villes du pays. On en trouve à Alger, à Sétif, à Bône, à Oran, à Constantine, partout. Ils s'emploient comme maçons, jardiniers, moissonneurs, et lorsqu'ils ont amassé un petit pécule, ils rentrent au village, achètent un fusil, un bœuf et se marient.

Dans la belliqueuse tribu des Zouaoua, il était même d'usage que l'un des enfants allât s'engager au service du dey d'Alger ou du bey de Tunis. Dès le début de la conquête, nous cherchâmes à tirer parti de cette habitude pour constituer une infanterie indigène, qui, ramenée successivement à l'organisation française, a eu l'honneur de léguer aux *zouaves* un nom qu'ils devaient immortaliser.

L'Arabe, paresseux de corps, se ressent un peu, dans tous les mouvements de l'âme, de cette inertie physique.

Chez le Kabyle, la colère et les rixes atteignent des proportions incroyables; en voici un exemple :

Un homme de la tribu des Beni-Yala rencontre au marché un Kabyle qui lui devait un *barra* (sept centimes). Il lui réclame le montant de sa dette :

« Je ne te donnerai point ton *barra*, répond le débiteur.

— Pourquoi?

— Je ne sais.

— Si tu n'as pas d'argent, j'attendrai encore.

— J'en ai.

— Eh bien! alors?

— Eh bien, c'est une fantaisie qui me prend de ne point te payer. »

A ces mots, le créancier saisit son débiteur

par le burnous et le renverse à terre. Des voisins prennent part à la lutte; deux partis se forment, on court aux armes. Après six heures de combat, on parvient à séparer les combattants, mais quarante-cinq hommes étaient tués.... pour sept centimes! Cette querelle date de 1843; la guerre qu'elle a soulevée n'était pas encore éteinte en 1846; nous ne savons si elle l'est actuellement. A la suite de ce combat, le village s'est divisé en deux quartiers hostiles, et les maisons qui se trouvaient sur la limite étaient devenues désertes.

L'Arabe est menteur; le Kabyle regarde le mensonge comme une honte.

L'Arabe, dans la guerre, procède le plus souvent par surprise et par trahison. Le Kabyle prévient toujours son ennemi.

L'Arabe donne l'hospitalité; mais on sent, en la recevant, qu'elle est toute de politique et d'ostentation; il veut que l'on sache qu'il a *la main ouverte*. Chez le Kabyle, si l'hospitalité est moins somptueuse, on devine au moins dans ses formes l'existence d'un bon sentiment; l'étranger, quelle que soit son origine, est toujours bien reçu, bien traité. Ces égards sont encore plus grands pour le réfugié, que rien au monde ne pourrait forcer les Kabyles à livrer. Les Turcs, et Abd-el-Kader après eux, ont toujours échoué dans leurs demandes ou leurs efforts contraires à ce noble principe.

Citons encore une coutume généreuse qui dérive du sentiment hospitalier des Kabyles.

Au moment où les fruits, les figues, les raisins commencent à mûrir, les chefs font publier que, pendant quinze ou vingt jours, personne ne pourra, sous peine d'amende, enlever aucun fruit de l'arbre. A l'expiration du temps fixé, les propriétaires se réunissent dans la mosquée et jurent, sur les livres saints, que l'ordre n'a pas été violé. Celui qui ne jure pas paye l'amende. Puis on compte les pauvres de la tribu, on établit une liste, et chaque propriétaire les nourrit à tour de rôle, jusqu'à ce que la saison des fruits soit passée.

La même chose a lieu dans la saison des fèves, dont la culture est très-commune en Kabylie. A cette époque, tout étranger peut pénétrer dans les champs et a le droit de manger, de se rassasier sans que personne l'inquiète; mais il ne doit rien emporter, et un larcin, doublement coupable en cette occasion, pourrait lui coûter la vie.

Les Arabes volent amis et ennemis, partout où ils peuvent. Le Kabyle ne vole que son ennemi. Dans ce cas, c'est un acte digne d'éloge; autrement, l'opinion le flétrit.

Un dernier détail de mœurs servira à faire apprécier la différence de caractère des deux peuples.

L'Arabe, dans la peine de la bastonnade, ne considère que la douleur; il préférera vingt-cinq coups de bâton à une demande de deux douros.

Pour le Kabyle, la bastonnade est une peine qui sent la servitude; aussi, à ses yeux, est-elle infamante. Aucun *amin* n'oserait l'infliger dans l'étendue de sa juridiction. Le montagnard préférerait une amende de vingt douros (100 fr.) à la flétrissure d'un coup de bâton appliqué par la main d'un *chaouch*.

Si, de cette opposition des Kabyles aux Arabes, au point de vue d'habitudes qui sont de nature à faire ressortir les qualités morales, nous passons à la comparaison des deux peuples, sous le rapport de leurs usages, nous trouvons la même dissemblance entre les deux races.

Le plus souvent, l'Arabe qui se marie ne connaît pas encore sa femme; s'il l'a aperçue, ce n'est que par hasard, à la dérobée, à l'aide de l'indiscrétion, souvent volontaire, du voile qui la couvre.

Chez les Kabyles, quand un individu veut se marier, il fait part de son désir à l'un de ses amis, qui va trouver le père de la jeune fille recherchée, et lui transmet la demande. On fixe la dot qui sera payée par le mari; cette dot est en moyenne d'une centaine de douros (500 fr.). Si le futur ne possède point la somme tout entière, on lui accorde, pour la réunir, un ou deux mois. Pendant ce temps, il peut fréquenter la maison de celle qui doit être sa femme.

La dot une fois réunie et payée, il emmène sa fiancée, la promène dans le village armé d'un yataghan, d'un fusil et de pistolets, puis il la conduit sous son toit. Cette cérémonie se fait en grande pompe. Chaque village a sa musique, composée de deux espèces de clarinettes turques et de tambours. Les musiciens figurent dans le cortége, ils chantent en s'accompagnant, tandis que les femmes, les enfants font retentir l'air de leur cri joyeux de : *You! you! you! you!* Les hommes tirent des coups de fusil; la fête, enfin, se termine par un repas auquel sont conviés, suivant la fortune de l'époux, tout ou partie des jeunes gens du village.

Chez les Arabes, quand il naît un enfant mâle, on se réjouit, on se complimente, mais la fête est circonscrite à la famille; si la mère est accouchée d'une fille, les femmes seules font des réjouissances.

Chez les Kabyles, la naissance d'un enfant mâle donne lieu à la convocation de tous les voisins et des amis des villages environnants. L'air retentit du bruit des armes; on tire à la cible; toute la tribu est dans la joie, car elle compte un défenseur de plus. — Si c'est une fille qui vient au monde, on ne change rien aux habitudes de la vie, à l'aspect de la maison.

Chez les Arabes, lorsqu'une famille perd l'un des siens, les seuls parents et amis assistent à l'inhumation, et puis chacun s'en retourne à ses affaires. Chez les Kabyles, tout le village est présont aux funérailles, car un vide s'est fait dans la grande famille. Personne ne doit travailler; tous se cotisent, à l'exception des parents, pour donner l'hospitalité aux Kabyles des autres villages qui sont venus apporter le tribut de leur douleur.

Cette égalité que nous avons signalée d'abord entre les tribus, puis entre les habitants d'une même tribu, se remarque jusqu'à un certain point entre l'homme et la femme. La femme arabe est constamment dans un état d'infériorité vis-à-vis de son mari; elle ne mange pas avec lui, encore moins avec ses hôtes. La femme kabyle prend ses repas avec la famille; elle y participe même lorsqu'il y a des étrangers.

La femme arabe est uniquement préposée aux soins de la tente; c'est elle qui prépare la nourriture de son seigneur, qui prend soin du cheval, qui tient l'étrier lorsqu'il en descend. La femme kabyle jouit d'une plus grande liberté. Elle va au marché pour faire les provisions de la maison, pour vendre, pour acheter; son mari aurait honte d'entrer, comme l'Arabe, dans de semblables détails.

La femme arabe ne peut paraître aux réunions où se trouvent des hommes; elle garde toujours son voile. La femme kabyle s'assied où elle veut; elle cause, elle chante, son visage reste découvert. C'est sans doute à cette vie, passée au milieu d'une population énergique, qu'elle doit l'énergie qui la distingue elle-même. Dans un jour de combat, voyez comme elle excite, par ses cris, son mari, ses frères. — Les munitions viennent à manquer, c'est elle qui les apporte ; si un blessé tombe, c'est elle qui le panse ; si un lâche vient à fuir, c'est encore elle qui le désigne au mépris de tous en lui faisant au charbon une large marque sur son burnous ou sur sa chemise de laine.

La femme arabe n'est jamais réputée libre de ses actions. Sortie de la tutelle paternelle pour passer sous celle d'un mari, en cas de divorce, elle rentre sous la dépendance de son père. La femme kabyle divorcée retourne à la maison de son parent le plus proche ; et tant que son isolement dure, elle jouit d'une entière liberté.

La femme du peuple, chez les Arabes, est ordinairement sale. La femme kabyle est plus propre : elle fait deux toilettes par jour ; le matin, elle se lave ; le soir, elle se pare de tous ses ornements. Il est possible que cette recherche et cette coquetterie aient contribué à établir la réputation qu'ont les femmes kabyles de surpasser les femmes arabes en beauté ; toujours est-il que ce renom existe.

Sous quelque rapport que l'on considère la race kabyle, on remarque donc entre elle et la race arabe des différences profondes ; tout accuse non-seulement une autre origine, mais encore le non-mélange de deux peuples qui, cependant, vivent juxtaposés depuis des siècles; tout indique une séparation entre eux : leur constitution et leurs mœurs; tout, jusqu'à leurs traits et leur langage.

L'Arabe a les cheveux et les yeux noirs. Beaucoup de kabyles ont les yeux bleus et les cheveux roux. Vivant dans une contrée moins chaude, ils sont également plus blancs que les Arabes.

L'Arabe a le visage ovale et le cou long. Le Kabyle, plus trapu, a le visage carré; sa tête est plus rapprochée des épaules.

La langue kabyle constitue enfin, vis-à-vis de la langue arabe, un idiome aussi différent que le français l'est de l'allemand, par exemple.

On a dit qu'une nation était l'ensemble des hommes qui parlent la même langue. Si cette pensée est juste, rien ne saurait mieux établir que leur langage, la communauté d'origine, non-seulement de toutes les tribus kabyles de l'Algérie, mais encore de la côte barbaresque. Cependant, de même que la langue arabe a subi des altérations, à mesure que, se répandant par le monde, elle s'est trouvée en contact avec des idées nouvelles à exprimer, de même la langue berbère a éprouvé des modifications par suite du morcellement du peuple qui la parle en fractions devenues à la longue étrangères les unes aux autres. Ce qui est indubitable, c'est que la langue berbère est une, et que les dissemblances qui existent dans le langage des populations ne constituent que des dialectes. Les principaux de ces dialectes sont :

1° Le *zenatïa*, qui se parle chez les tribus kabyles, entre Alger et le Maroc; 2° le *chellahïa*, dont se servent presque tous les Kabyles du Maroc; 3° le *chaouïa*, qui est en usage dans la province de Constantine; 4° le *zouaouïa*, qui est parlé depuis Dellis et Hamza jusqu'à Bône.

Malheureusement, il faut bien le dire, dans les premiers temps de la conquête, nous ne sûmes pas reconnaître l'opposition, cependant si complète, d'organisation, d'habitudes, de législation, qui sépare la race arabe de la race kabyle. Nous fûmes conduits, par cette ignorance, à appliquer à l'une et à l'autre une politique et des règles communes; une marche opposée nous eût épargné sans doute bien des difficultés.

Il est aisé de voir que, mises en rapport avec les mœurs arabes, les mœurs kabyles en sont, le plus souvent, le contre-pied. Il existe toutefois certains points où elles se rapprochent sans se copier. C'est ainsi que les Arabes ont l'*amân* et les Kabyles l'*anaya*.

L'*amân* peut être considéré sous deux rapports: comme *pardon* accordé et comme *sauf-conduit*. Un Arabe a encouru la colère d'un chef, il a quitté sa tribu; il n'y rentrera que s'il a obtenu l'*amân*. Un autre s'est mis en état de rébellion, il a fomenté des troubles, puis il a pris la fuite; des pourparlers s'établissent entre le *kaïd* et le rebelle; l'un et l'autre voudraient arriver à un rapprochement, et, pour y parvenir plus facilement, se voir et se parler; l'Arabe coupable ne se présentera au rendez-vous convenu que muni de l'*amân* du chef auquel il va rendre compte de sa conduite. L'*amân* implique donc de la part de celui qui le donne un état de supériorité vis-à-vis de celui qui le reçoit.

Il existe chez les Kabyles un usage qui offre quelques rapports avec l'*amân* des Arabes; c'est l'*anaya*. L'*anaya* tient du passe-port et du sauf-conduit tout ensemble, avec cette différence que ceux-ci dérivent d'une autorité légale, d'un pouvoir constitué, tandis que tout Kabyle peut donner l'*anaya;* avec cette différence encore qu'autant l'appui moral d'un préjugé l'emporte sur la surveillance de toute espèce de police, autant la sécurité de celui qui possède l'*anaya* dépasse celle dont un citoyen peut jouir sous la tutelle ordinaire des lois. Non-seulement l'étranger qui voyage en Kabylie, sous la protection de l'*anaya*, défie toute violence instantanée, mais encore il brave temporairement la vengeance de ses ennemis ou la pénalité due à ses actes antérieurs. Les abus qui pourraient entraver une extension si généreuse du principe de protection sont limités dans la pratique par l'extrême réserve des Kabyles à en faire l'application. Loin de prodiguer l'*anaya*, ils le restreignent à leurs seuls amis; ils ne l'accordent qu'une fois au fugitif; ils le regardent comme illusoire s'il a été vendu; enfin, ils puniraient de mort l'allégation frauduleuse d'un *anaya* qui n'aurait pas été réellement accordé.

Pour éviter cette dernière fraude, et en même temps pour prévenir toute infraction involontaire, l'*anaya* se manifeste, en général, par un signe ostensible. Celui qui le confère délivre, comme preuve à l'appui, quelque objet bien connu pour lui appartenir, tel que son fusil ou un sabre. Souvent il enverra son serviteur; lui-même escortera son protégé s'il a des motifs particuliers de crainte qu'on l'inquiète.

L'*anaya* jouit naturellement d'une considération plus ou moins grande, et surtout il étend ses effets plus ou moins loin, selon la qualité du personnage qui l'a accordé. Venant d'un Kabyle obscur, il sera respecté dans son village et dans les environs; de la part d'un homme en crédit chez les tribus voisines, il y sera renouvelé par un ami qui substituera le sien au premier, et ainsi de suite de proche en proche. Accordé par un marabout, l'*anaya* ne connaît pas de limites. Tandis que le chef arabe ne peut guère étendre le bienfait de sa protection au delà du cercle de son gouvernement, le sauf-conduit du marabout kabyle se prolonge même en des lieux où son nom serait inconnu. Quiconque en est porteur peut traverser la Kabylie dans toute sa longueur, quel que soit le nombre de ses ennemis ou la nature des griefs existant contre sa personne. Il n'aura sur sa route qu'à se présenter tour à tour aux marabouts des diverses tribus; chacun s'empressera de faire honneur à l'*anaya* du précédent et de donner le sien en échange. Ainsi, de marabout en marabout, le voyageur ne pourra manquer d'atteindre heureusement le but de son voyage.

Un Kabyle n'a rien de plus à cœur que l'inviolabilité de son *anaya* : non-seulement il y attache son point d'honneur individuel, mais ses parents, ses amis, son village, sa tribu tout entière en répondent moralement. Tel homme ne trouverait pas un second pour tirer vengeance d'une injure personnelle, qui soulèvera tous ses compatriotes s'il est question de son *anaya* méconnu. De pareils cas doivent se présenter rarement, à cause de la force même du préjugé; néanmoins la tradition conserve l'exemple suivant d'un *anaya* violé.

L'ami d'un *Zouaoui* se présente à sa demeure pour lui demander son *anaya*. En l'absence du maître, sa femme, assez embarrassée, donne au fugitif une chienne très-connue dans le pays; celui-ci part avec le gage de salut. Mais bientôt la chienne revient seule et couverte de sang. Le *Zouaoui* s'émeut, les gens du village se rassemblent, on part sur les traces de l'animal et l'on découvre le cadavre du voyageur. La guerre est déclarée à la tribu sur le territoire de laquelle le crime avait été commis; beaucoup de sang est versé, et le village compromis dans cette querelle porte encore aujourd'hui le nom de *Dechert-el-Kelba* (le village de la chienne).

L'*anaya* se rattache même à un ordre d'idées plus général. Un individu faible ou persécuté, ou sous le coup d'un danger pressant, invoque la protection du premier Kabyle venu. Il ne le connaît pas, il n'en est pas connu, il l'a rencontré par hasard; n'importe, sa prière sera rarement repoussée. Le montagnard, glorieux d'exercer son patronage, accorde volontiers cet acte d'*anaya* accidentel. Investie du même privilége, la femme, naturellement compatissante, ne refuse presque jamais d'en faire usage. On cite l'exemple de celle qui voyait égorger par ses frères le meurtrier de son mari. Celui-ci, frappé déjà de plusieurs coups et se débattant à terre, parvient à lui saisir le pied en s'écriant : J'invoque ton *anaya*. La veuve jette sur lui son voile ; le Kabyle est sauvé.

Il serait facile de multiplier les exemples, mais prouveraient-ils mieux que celui qui vient d'être cité la puissance qu'exerce l'*anaya* sur les Kabyles.

Si l'on veut se rendre compte du motif qui a donné naissance à l'*anaya*, il faut le chercher dans la constitution de ces populations. Chez un peuple très-morcelé, très-peu gouverné, fier et toujours en armes, où doivent abonder par conséquent les discussions intestines, il était nécessaire que les mœurs suppléassent à l'insuffisance des moyens de police pour rendre à l'industrie et au commerce la sécurité du transit. Si l'on veut se rendre compte de sa puissance, il faut en demander le secret à la solidarité, qui chez ces montagnards lie l'invidualité à la famille, la famille au village, le village à la tribu, la tribu aux autres tribus, et fait enfin un tout de la Kabylie.

Mais qu'on veuille bien le remarquer, ce n'est pas seulement à sa cohésion que cette race est redevable de sa puissance, c'est tout autant à son caractère énergique, et ce caractère, elle le doit au travail et à l'industrie.

De tous les peuples qui se partagent l'Afrique septentrionale, le Kabyle est assurément celui qui réunit au plus haut degré ces deux qualités. L'Arabe paresseux n'a point d'industrie; il se borne à confectionner quelques selles, quelques harnachements, des mors; sa femme tisse des étoffes de laine. Le Kabyle, au contraire, est industrieux par essence, le pays qu'il habite lui fait une loi du travail; aussi voyons-nous ces montagnards bâtir des maisons, faire de la menuiserie, forger des armes, des canons et des batteries de fusil, des sabres renommés, des couteaux, des pioches, des socs pour la charrue; chez lui se tissent enfin les *bournous*, les *habayas*[1], les *haïks* de femmes, les *chachias* blanches.

Le Kabyle fabrique la poudre; il obtient le charbon du laurier-rose, tire le salpêtre de ses cavernes, et le soufre de nos marchés. Plusieurs de ses villages, notamment ceux de Aït-Moussa,

1. Espèce de vêtement à manches.

chez les Beni-Raten, de Tizi-Aïdel chez les Beni-Aïdel, comptent autant d'officines de poudre que de maisons. Cette poudre est vendue sur les marchés kabyles, et procure des bénéfices considérables à ceux qui se livrent à ce commerce. Le dosage est réglé comme chez nous; le séchage s'opère au soleil. Cette poudre kabyle, un peu moins forte que la nôtre, n'est ni lisse, ni égale, mais elle ne tache point la main et satisfait aux conditions d'une bonne poudre de guerre.

Le Kabyle sait traiter le plomb; ses montagnes en renferment plusieurs mines; l'une d'elles est, dit-on, argentifère. Le plomb s'obtient par la simple fusion; il s'exporte en saumons ou en balles.

Le Kabyle sait traiter le fer; on en signale deux mines considérables en Kabylie, l'une chez les Beni-Sliman, l'autre chez les Berchachas. Le minerai est traité par le charbon de bois, dans un bas fourneau, à l'instar de la méthode catalane; les soufflets sont en peau de bouc, et fonctionnent à bras d'hommes. La tribu des Flissas confectionne les sabres auxquels nous avons donné son nom. Les principaux fabricants d'armes à feu sont les Beni-Abbas; leurs platines, plus renommées que leurs canons, réunissent l'élégance à la solidité; elles s'exportent jusqu'à Tunis.

Le Kabyle tanne le cuir, et emploie le chêne de ses forêts à la préparation des peaux, que plusieurs de ses villages, tels que ceux de Zammora, de Taourit et de Taourga, utilisent dans la confection des souliers, harnachements et ceintures.

Le Kabyle fabrique des tuiles pour couvrir sa maison, et des poteries renommées; il extrait et façonne les pierres à meules; fait du savon avec l'huile d'olive et la soude des varechs ou la cendre du laurier-rose; tresse des paniers pour porter les fardeaux, et des nattes en palmier nain; il pousse enfin l'habileté jusqu'à produire de la fausse monnaie.

Depuis un temps immémorial, les Kabyles établis à Ayt-el-Arba, village considérable de la tribu des Beni-Yanni, se livrent à cette coupable industrie; nous disons industrie, car, pour la plupart d'entre eux, la fabrication de la fausse monnaie n'a pas d'autre caractère. Dans une société dépourvue de lois répressives, la notion du juste et de l'injuste se perd peu à peu, et le crime cesse d'être crime à force de demeurer impuni.

La position du repaire de ces faux-monnayeurs est au sommet d'une montagne, protégée par un défilé très-étroit et presque inaccessible. C'est là qu'à l'abri de toute attaque, ils imitent les monnaies de cuivre, d'argent et d'or de tous les pays. Les matières premières leur sont fournies en partie par les mines voisines. Le cuivre, l'argent, leur viennent, soit de la côte barbaresque, soit du Sahra, par des hommes qui, attirés par l'appât du gain, achètent, avec des pièces de bon aloi, des monnaies fausses, qu'ils payent sur le pied de vingt-cinq pour cent de la valeur qu'elles représentent.

La simple inspection d'une pièce contrefaite prouve que le procédé employé pour l'obtenir est généralement celui de la fusion. Toutes les pièces présentent en effet un diamètre tant soit peu inférieur à celui des modèles, résultat forcé du retrait qu'elles ont subi par le refroidissement à la sortie du moule provenant des pièces véritables. Le relief des figures, des lettres, est ordinairement mal accusé, et l'aspect du métal terne ou cuivreux. Cependant, beaucoup de ces fausses monnaies trompent le premier coup d'œil ; quelques-unes même exigent un minutieux examen.

Quant à nous, nous nous rappelons avoir eu en notre possession un certain nombre de douros d'Espagne, appelés par les Arabes *douros bou medfa*. Ces pièces avaient à un tel point non-seulement l'apparence, mais encore le son et le poids des douros véritables, qu'un banquier d'Alger, malgré notre affirmation qu'ils étaient faux, nous avait offert de nous les échanger contre de belles et bonnes pièces de cinq francs.

Les moyens de répression employés par les Turcs pour s'opposer à l'invasion de la fausse monnaie étaient en tout conformes aux procédés arbitraires et despotiques que pouvait alors se permettre l'autorité. Trois ans avant l'entrée des Français à Alger, la fausse monnaie s'était multipliée d'une manière effrayante. L'agha Yahia, qui jouissait d'une grande réputation chez les Arabes, furieux de voir sa surveillance en défaut, fit arrêter un même jour sur les marchés d'Alger, de Constantine, de Sétif et de Bône, les hommes de toutes les tribus connues pour se livrer à l'émission de la fausse monnaie. On incarcéra de la sorte une centaine d'individus que le pacha annonça l'intention de mettre à mort, si on ne lui livrait les moules et matrices qui servaient à la fabrication. Les gens d'Ayt-el-Arba, pour sauver leurs frères, envoyèrent tous leurs instruments, et les prisonniers ne furent remis en liberté qu'après avoir en outre payé une forte amende. Cet échec éprouvé par les faux-monnayeurs ne les dégoûta pas d'un métier aussi lucratif. Ayt-el-Arba ne perdit rien de sa prospérité, et le nombre des colporteurs n'en fut aucunement diminué.

Hâtons-nous de le dire, les individus qui se livrent à cette industrie coupable sont méprisés par les gens de bien ; on ne saurait donc en rendre solidaires tous les habitants du Jurjura. Si elle se perpétue dans leurs montagnes, c'est en vertu du principe de non-intervention des tribus dans les affaires des autres : il plaît à tel village de faire de la fausse monnaie, il en est libre, mais à condition que la tolérance dont on use à son égard ne portera pas préjudice à des Kabyles, et que le produit sera écoulé au dehors.

Mais pour une industrie réprouvée, que d'industries honorables ! que d'éléments de richesses le Kabyle doit à son travail !

Sans doute, il cultive moins de céréales que l'Arabe (la configuration du pays le veut ainsi), mais comme il s'occupe avec ardeur des travaux du jardinage ! Fixé au sol, il passe sa vie à planter et à greffer. Afin de remplacer le blé dont il ne produit pas assez pour sa consommation, le montagnard sème lentilles, pois chiches, fèves, choux, artichauts, navets, concombres, oignons, betteraves, pastèques et melons. Il plante des pommes de terre et cultive le tabac.

Sa principale richesse, il la doit à ses oliviers, dont beaucoup sont greffés, et qui atteignent souvent la grosseur de nos noyers. Les olives entrent pour une grande part dans la nourriture du Kabyle; mais il lui en reste énormément à vendre, soit comme fruit, soit comme huile. Cette huile, il la fabrique à l'aide de pressoirs grossiers qu'il confectionne; il l'exporte ensuite dans des peaux de bouc à Alger, à Dellis, à Bougie, à Sétif, et sur tous les marchés de l'intérieur, où, depuis quelques années, elle est achetée par des négociants français.

Ainsi, de toutes parts, dans cette immense ruche humaine que l'on appelle la Kabylie, on rencontre ou le travail qui féconde ou l'industrie qui enrichit.

Nous venons d'esquisser à grands traits un tableau général de la société kabyle envisagée sous les divers points de vue de la constitution, des mœurs, du commerce et des lois. De cet ensemble, une seule impression résulte; elle est facile à résumer.

Les indigènes que nous avons trouvés en possession du territoire algérien constituent réellement deux peuples. Partout ces deux peuples vivent en contact et partout un abîme infranchissable les sépare; ils ne s'accordent que sur un point: le Kabyle déteste l'Arabe, l'Arabe déteste le Kabyle. Cette antipathie si vivace ne peut être attribuée qu'à un ressentiment traditionnel, perpétué d'âge en âge, entre la race conquérante et la race vaincue. Corroborée par l'existence de deux langues distinctes, cette conjecture passe à l'état de certitude.

Physiquement, l'Arabe et le Kabyle offrent une dissemblance qui constate leur diversité de souche. Dans les mœurs, mêmes divergences. Contrairement aux résultats universels de la foi islamite, en Kabylie, nous découvrons la sainte loi du travail obéie, la femme à peu près réhabilitée, nombre d'usages où respirent l'égalité, la fraternité, la commisération chrétiennes.

Passons à l'examen des formes sociales et des lois; le phénomène s'y révèle encore mieux. Tandis que tous les musulmans du globe s'en tiennent au Koran comme au code complet, universel, qui embrasse la vie entière de l'homme et règle jusqu'aux moindres détails de sa conduite publique et privée, les Kabyles, qui cependant suivent la même religion, observent des statuts particuliers qu'ils tiennent de leurs ancêtres, qu'ils font remonter à des temps antérieurs. Sur plusieurs points importants, ces statuts ne s'accordent pas avec les arrêts du Koran ; ils portent même un nom qui laisse entrevoir leur origine chrétienne : ils s'appellent *Kanoûns*[1]. Le peuple kabyle, en partie autochthone, en partie germain d'origine, après avoir connu le christianisme, ne s'est donc pas complétement modifié avec sa religion nouvelle. Livré à l'anarchie des sectes chrétiennes qui, à l'époque de la décadence romaine, furent le fléau de l'Afrique septentrionale, il a accepté le Koran, il ne l'a point embrassé; il s'est revêtu du dogme ainsi que d'un bournous; il a gardé par-dessous sa forme sociale antérieure.

Tel est le peuple en présence duquel nous nous trouverons lorsque le gouvernement jugera que le moment est venu d'assurer notre conquête définitive sur l'ensemble de la Kabylie du Jurjura. Jusqu'à ce jour, nous avons détaché l'un après l'autre de nombreux fragments du faisceau qu'elle forme; c'est maintenant au cœur qu'il faut pénétrer, c'est là que commencent les difficultés véritables.

Quant à nous, nous ne saurions trop prémunir

Du mot grec κανών (règle.)

l'opinion contre l'idée, beaucoup trop généralement admise, qu'il suffira d'une campagne pour venir à bout de la Kabylie; c'est là une erreur dangereuse, contre laquelle nous ne cesserons de nous élever. Pour arriver à un résultat complet, plusieurs années, plusieurs expéditions seront nécessaires, car, dans ce Caucase algérien, la nature semble se liguer avec l'habitant pour protéger la défense et pour s'opposer à l'attaque.

Une fois entrés dans le pays, de deux choses l'une : ou le gouvernement se décidera à former des établissements militaires au sein de la Kabylie, et en outre des dépenses considérables qu'ils nécessiteront, il est à craindre que ces postes ne soient mis en état de blocus et que nous n'ayons à vaincre, pour les ravitailler, des obstacles bien autrement considérables que lorsqu'il s'est agi, dans les premières années de la conquête, de porter des approvisionnements aux troupes enfermées dans Médéah ou dans Tlemcen; ou bien, après avoir pénétré dans le Jurjura, nous nous en retirerons, laissant à des chefs investis le soin de gouverner le pays, et n'est-il pas alors probable que l'insurrection, que nous aurons dû ouvrir pour passer, ne se referme derrière nous pour ne s'ouvrir de nouveau que devant une autre armée?

Nous l'avouons, les difficultés matérielles nous préoccupent encore moins que les difficultés politiques; nos soldats nous ont habitués à ne point compter avec les premières. Ce ne sont pas des montagnes à escalader, un peuple tout entier sous les armes à combattre et à vaincre, qui présentent les plus grands obstacles à notre conquête : c'est le caractère kabyle à assouplir, l'habitude du joug à lui imposer, la fédération de ses tribus à rompre, une organisation complète à donner à un peuple impatient de tout ce qui ressemble au joug.

Certes, Abd-el-Kader, qui essaya de ranger la Kabylie du Jurjura sous ses lois, était placé dans des conditions bien autrement avantageuses que nous ne le sommes. Au titre vénéré de marabout, il unissait le prestige que donne, aux yeux des musulmans, le caractère de guerrier combattant pour la foi. Ostensiblement, il ne venait pas établir sa domination, il se bornait à demander, au nom d'une religion commune, l'appui des Kabyles pour chasser les chrétiens, l'impôt pour subvenir aux dépenses de la guerre sainte.

L'histoire des tentatives infructueuses qu'il dirigea dans ce but va nous faire voir les difficultés que nous aurons nous-mêmes à surmonter [1].

Abd-el-Kader était doué d'un génie trop militaire et trop politique pour ne pas apprécier toute l'importance qu'il y aurait pour lui à intéresser la Kabylie dans sa cause. La Kabylie, c'était une pépinière de soldats, un sang opiniâtre et belli-

1. Voir la *Grande-Kabylie* (Hachette et Cie, libraires).

queux, le mariage d'un sol riche en produits et en métaux avec une race laborieuse qui, sachant se suffire à elle-même, saurait alimenter éternellement la guerre. La Kabylie, c'était une position militaire admirable. Placées à proximité d'Alger, ces montagnes offraient, pour la rapidité de l'offensive, comme pour la sécurité de la retraite, un merveilleux foyer d'entreprises contre la Métidja.

Bien conseillé par Ben-Salem, Abd-el-Kader se décide à faire la conquête de la Kabylie, non pas par les armes, mais par la persuasion et par la parole. C'était pour lui le seul moyen d'arriver à son but s'il eût dû y parvenir. Il dépouille donc tout appareil hostile et menaçant, se présente en hôte inoffensif, en simple pèlerin.

C'était en 1839, avant la reprise des hostilités. Abd-el-Kader paraît subitement à Bordj-Hamza, suivi de cent cavaliers seulement.

Les Kabyles surent bientôt que le jeune sultan, qui avait fait aux chrétiens une guerre acharnée, était chez eux. La présence d'un tel hôte dans leurs montagnes fit une vive sensation, et, de toutes parts, on accourut pour le visiter. Rien de plus curieux que cette réunion de Kabyles entourant un Arabe. La tente de l'émir était assiégée par les Zouaouas qui le regardaient avec des yeux étonnés; aucun d'eux, toutefois, n'osait y pénétrer. Les moins indiscrets relevaient les bords pour voir sans être vus; les plus hardis interpellaient hautement Abd-el-Kader, le nommant au hasard, les uns le cheikh, les autres *sid-el-hadj* (seigneur pèlerin), et, les plus civils, le marabout ou le *chérif*.

Les cavaliers qui étaient venus avec l'émir cherchaient à repousser la foule et criaient aux plus importuns :

« Que Dieu vous confonde, vous allez étouffer notre maître ! »

Mais Abd-el-Kader, impassible, leur disait avec calme :

« Laissez-les tranquilles ; ils sont ignorants et grossiers, âpres comme leurs montagnes ; vous ne les changerez pas en un jour. »

Quand ce premier mouvement d'indiscrète curiosité fut un peu calmé, Abd-el-Kader demanda aux Kabyles où étaient les chefs qui les commandaient.

« Nous n'avons pas de chefs étrangers à notre nation, dirent-ils ; nos chefs sont tirés d'entre nous ; nous obéissons aux *amins* et aux *marabouts*. »

Les *amins* vinrent alors le saluer ; il leur demanda quel était celui qui, à lui seul, réunissait la volonté de tous ; ils lui répondirent :

« Nous n'avons personne qui réunisse la volonté de tous ; mais c'est chez nous, *amins* élus par le peuple, que se concentre la volonté générale.

— S'il en est ainsi, reprit Abd-el-Kader, je recommande aux *amins* d'être en bonne intelligence avec mon *khalifah* (lieutenant), de le servir et d'obéir à ses ordres.

— Nous ne demandons pas mieux que de vivre en bonne intelligence avec votre *khalifah;* mais qu'il ne nous parle jamais d'impôts, comme il l'a fait déjà dans les plaines; nos ancêtres n'en ont jamais payé, et nous voulons suivre leur chemin.

— Vous donnerez au moins le *zekka* et l'*achour*, ajouta l'émir; ces contributions sont d'origine divine.

— Oui, nous donnerons le *zekka* et l'*achour* prescrits par la loi religieuse, crièrent les Kabyles en s'animant; mais nos *zaouias* les recueilleront, et nos pauvres en profiteront : telle est notre habitude. »

Après cette scène étrange, la *diffa* (repas d'honneur) fut apportée; l'émir refusa d'y toucher avant de savoir si les Kabyles persistaient ou non dans leurs résolutions; il leur parla encore d'impôts, mais les amins l'interrompirent :

« Vous vous êtes annoncé chez nous en qualité de pèlerin, et nous vous avons offert la *diffa*. Cessez ce langage dont vous pourriez mal vous trouver; sachez bien que, si vous nous étiez venu comme *makhzen*, au lieu de *kouskoussou* blanc, nous vous aurions rassasié de *kouskoussou* noir (de poudre). »

Abd-el-Kader répondit qu'à la vérité il ne s'était rendu chez eux qu'en simple pèlerin; que, néanmoins, il était bien aise de leur apprendre que son *makhzen* ne ressemblait en rien à celui des Turcs; que Dieu l'avait élevé pour rétablir la religion du prophète et anéantir la puissance des chrétiens; que déjà il avait fait boire du fiel aux Français, qu'il les avait battus dans cent combats glorieux pour l'islamisme; qu'ils ne devaient pas, eux Kabyles, le dédaigner parce qu'il n'était accompagné que d'une centaine de cavaliers; que tout le *Gharb* (Occident) reconnaissait ses lois, et qu'il pourrait plier l'Ouest sur l'Est aussi facilement que ce tapis. Il ajouta :

« Si vous me dites : l'Est est plus fort que l'Ouest, je vous répondrai : Dieu fait marcher la victoire à ma suite à cause de la pureté des motifs qui me guident. Vous savez, au surplus, ce que dit le Koran : *Que d'éléphants ont été inquiétés par des moucherons, et que de lions ont été tués par le* dab [1].

« Sachez bien que, si je ne m'étais opposé aux empiétements des Français, si je ne leur avais fait connaître leur impuissance, depuis longtemps déjà ils auraient nagé jusqu'à vous comme une mer en furie, et vous auriez vu alors ce que n'ont jamais vu ni les temps passés, ni les temps présents. Ils n'ont quitté leur pays que pour conquérir et faire esclave le nôtre. Je suis l'épine que Dieu leur a placée dans l'œil, et, si vous m'aidez, je les jetterai dans la mer.

« Dans le cas contraire, ils vous aviliront. Rendez-moi donc des actions de grâces de ce que

1. Petit animal qui, au dire des Arabes, surprend le lion et lui mange le cœur.

je suis l'ennemi mortel de votre ennemi. Réveillez-vous de votre apathie, et, croyez-le, je n'ai rien plus à cœur que le bonheur et la prospérité des musulmans. Je n'exige de vous, pour triompher des infidèles, qu'obéissance, accord et marche conforme à notre sainte loi ; comme je ne vous demande, pour soutenir nos armées, que ce qui vous est ordonné par Dieu, le maître du monde.

« Obéissez donc à Ben-Salem ; il sera pour vous la boussole qui vous indiquera le bien. Je prends Dieu à témoin de la vérité et de la sincérité de mes paroles. Si elles n'ont pu trouver le chemin de vos cœurs, vous vous en repentirez un jour, mais d'un repentir inutile. C'est par la raison, et non par la violence, que j'ai voulu vous convaincre, et je prie le Tout-Puissant qu'il vous éclaire et vous dirige. Je ne suis venu vous trouver qu'avec une poignée de monde, parce que je vous croyais des hommes sages, incapables d'étouffer les avis de ceux qui ont vu ce que vous n'avez pu voir. Je me suis trompé, vous n'êtes que des troncs noueux et inflexibles. »

Alors se leva Ben-Abbou, *oukil* de l'émir, qui, gravement et sentencieusement, à la façon des Arabes, jeta ce proverbe à la foule :

El-adou ma ierdja sediq
Ou el-negrala ma ierdja deqiq

L'ennemi ne devient jamais ami,
Le son ne devient jamais farine.

Sans faire autrement attention aux paroles de Ben-Abbou :

« Nous vous jurons, répondirent les Kabyles à l'émir, que nous sommes des gens sensés et connaissant l'état des choses. Mais nous ne voulons pas que personne s'initie à nos affaires ou cherche à nous imposer d'autres lois que les nôtres.

« Nous savons encore ce qu'il nous convient de faire, eu égard aux préceptes de la religion. Comme nous vous l'avons dit, nous donnerons à nos mosquées la *zekka* et l'*achour;* mais nous n'entendons pas que des étrangers en profitent. Quant aux chrétiens, s'ils viennent jamais chez nous, nous leur apprendrons ce que peuvent les Zouaouas à la tête et aux pieds nus.

— Assez ! assez ! interrompit Abd-el-Kader ; le pèlerin s'en retournera comme il est venu. Que la volonté de Dieu soit faite.

— Allez donc en paix, reprirent les Kabyles, puisque vous êtes venu simplement nous visiter. Les pèlerins et les voyageurs ont toujours été bien reçus chez nous ; nous pratiquons l'hospitalité ; nous avons de la fierté et nous craignons les actions qui peuvent attirer sur nous le blâme et la déconsidération.

« Une autre fois, présentez-vous avec la splendeur d'un prince, traînez à votre suite une armée nombreuse et demandez-nous, ne fût-ce que la valeur d'un grain de moutarde, vous n'obtiendrez que de la poudre. Voilà notre dernier mot. »

Le dernier mot des Kabyles n'était pas de nature à rassurer l'émir ; aussi se hâta-t-il de monter à cheval et de s'éloigner.

Cependant, cette première tentative n'avait pas suffi pour le convaincre. Il voulut aller jusqu'au bout, et annonça à Ben-Salem et à Ben-Zamoun qu'il avait toujours l'intention de visiter en entier le pays des Zouaouas et de pousser même jusque sur les hauteurs de Bougie.

Ils lui répondirent :

« Vous ne sauriez pénétrer de ce côté par la force ; vous avez pu voir déjà quel est l'esprit de résistance des tribus voisines de la plaine ; c'est bien autre chose dans les montagnes ! Vous ne pouvez y voyager qu'en pèlerin et sous la sauvegarde de l'*anaya* que nous vous donnerons.

— C'est bien mon intention, dit l'émir, car si j'avais eu la pensée de recourir à la force, je ne serais venu ici qu'avec une armée nombreuse. »

L'émir partit sous la sauvegarde de ces chefs montagnards que leur fanatisme religieux avait rapprochés de lui. Pendant tout le trajet, il fut bien traité ; plus d'une fois même, il eut à subir une très-importune quoique généreuse hospitalité. A peine arrivé au gîte, de nombreux Kabyles, tête nue et le bâton à la main, venaient lui présenter la *diffa* de leur pays, énormes plats en terre (*djefana*) remplis d'un mauvais *kouskoussou* à l'huile, parsemé de quelques morceaux de viande sèche et maigre. Chacun déposait le sien devant la tente de l'émir et le fouillait avec son bâton, en criant à son hôte :

« Mange; c'est mon *djefana.* »

Abd-el-Kader, pour ne pas faire de jaloux, se voyait forcé de toucher aux plats sans nombre dont il était entouré.

Quelques chefs kabyles vinrent trouver l'émir sur l'Oued-Sahel ; il leur tint à peu près les mêmes discours qu'il avait tenus aux premiers, les engageant à ne pas compter sur la durée de la paix et à ne rien laisser de leurs richesses dans les plaines. Ils l'écoutèrent, lui promirent de harceler les chrétiens; mais, comme les autres, ils lui refusèrent toute espèce d'impôts. Abd-el-Kader parut se contenter de leurs protestations.

Pendant que l'émir se trouvait dans les environs de Bougie, le commandant supérieur lui envoya un courrier. Cette démarche n'avait rien de surprenant, puisqu'un traité de paix existait alors entre nous et lui. Le contenu du message ne transpira pas, mais le seul fait de son envoi causa des appréhensions aux Kabyles. Un de leurs chefs accusa hautement l'émir de violer l'hospitalité et d'entretenir une correspondance secrète avec les chrétiens, dans le but de trahir ses hôtes. Bientôt des menaces violentes éclatèrent, et Abd-el-Kader effrayé partit subitement, poursuivi sur la route par les imprécations des montagnards.

Il ne dut son salut qu'à l'*anaya* du cheikh Amziân.

Tel fut l'accueil qu'Abd-el-Kader, aux plus beaux jours de sa puissance, reçut dans les montagnes de la haute Kabylie. Certes, il était encore bien éloigné d'y asseoir son autorité, celui qui, sur un frivole soupçon, courait ainsi danger de mort et se voyait réduit à la fuite la plus précipitée, celui qui ne pouvait prononcer en aucun lieu le mot d'impôt sans soulever de suite un orage. Tout ce qu'il avait pu obtenir pendant son séjour, c'était la promesse d'un concours vers un but commun, celui de la guerre à faire aux chrétiens ; encore ce concours n'impliquait-il nullement, de la part de ces montagnards, l'idée d'ordres à recevoir ; ils devaient combattre, mais à leur jour, à leur heure et sous la conduite de leurs chefs.

Cet épisode porte avec lui son enseignement. Il montre l'indocilité des Kabyles à subir un joug quelconque, l'horreur de tout ce qui ressemble à l'impôt, leur caractère fier et ombrageux ; il est, en un mot, le commentaire de tout ce que nous avons dit plus haut.

Abd-el-Kader, avec sa double qualité de marabout et de *chérif*[1], n'a pu parvenir à s'attacher la Kabylie par la persuasion ; il serait ridicule à nous d'espérer réussir par les mêmes moyens, là

1. Descendant du prophète.

où il a échoué. Il faut donc que tôt ou tard les armes décident si, aux portes d'Alger, nous laisserons insoumise une contrée que tous les fauteurs de désordre choisissent pour refuge ; si l'Algérie sera française tout entière ou française sans la Kabylie.

FIN.

Typographie de Ch. Lahure, rue de Vaugirard, 9.

www.ingramcontent.com/pod-product-compliance
Ingram Content Group UK Ltd.
Pitfield, Milton Keynes, MK11 3LW, UK
UKHW031951260826
14628UKWH00004B/1992

9 782019 703110